Anja Reckenfeld

Lehrergesundheit

GRIN Verlag

Bibliografische Information der Deutschen Nationalbibliothek:

Die Deutsche Bibliothek verzeichnet diese Publikation in der Deutschen National-
bibliografie; detaillierte bibliografische Daten sind im Internet über http://dnb.d-
nb.de/ abrufbar.

Impressum:

Copyright © 2011 GRIN Verlag GmbH
Druck und Bindung: Books on Demand GmbH, Norderstedt Germany
ISBN: 978-3-656-58749-1

GRIN - Your knowledge has value

Der GRIN Verlag publiziert seit 1998 wissenschaftliche Arbeiten von Studenten,
Hochschullehrern und anderen Akademikern als eBook und gedrucktes Buch. Die
Verlagswebsite www.grin.com ist die ideale Plattform zur Veröffentlichung von
Hausarbeiten, Abschlussarbeiten, wissenschaftlichen Aufsätzen, Dissertationen
und Fachbüchern.

Besuchen Sie uns im Internet:

http://www.grin.com/

http://www.facebook.com/grincom

http://www.twitter.com/grin_com

Inhaltsverzeichnis

1 Einleitung

Im Rahmen des Seminars: „Die Förderung der Lebensqualität von Kindern und Jugendlichen" stellten wir uns die Frage nach der Lebensqualität von Lehrerinnen und Lehrern. Denn diese erscheint uns als wichtige Voraussetzung dafür, erfolgreich und persönlich zufriedenstellend einen Beruf ausüben zu können, der die Lebensqualität von Kindern und Jugendlichen fördern kann. Daher haben wir uns in einem Referat mit diesem Thema beschäftigt. Aufgrund unseres Studiengangs sind wir persönlich von den Erkenntnissen betroffen. Uns ist daher sehr daran gelegen, zu wissen wie wir uns gesund halten können, um so dazu beizutragen, gut zu unterrichten und Unterrichtsausfall zu vermeiden. Der angestrebte Beruf soll eine Erfüllung sein und nicht zum Horrorjob werden. Beim Thema Lehrergesundheit handelt es sich um ein Thema mit ungelösten Problemen, da es immer wieder im Gespräch ist. Umso dringender wird die Lösung der Probleme.

Die folgende Ausarbeitung orientiert sich inhaltlich an der Struktur des Referates, möchte aber an einigen Stellen weiterführende Informationen bieten.

2 Anforderungen an Lehrer/-innen

Das Anforderungsprofil eines Lehrers ist hoch. Über die Wissensvermittlung hinaus soll er die Leistungsbereitschaft sowie soziale und emotionale Kompetenzen der Schülerinnen und Schüler[1] fördern.

Es gibt fünf Hauptfunktionen des Lehrerberufes[2]:

1. Lehren
2. Erziehen
3. Beurteilen
4. Beraten
5. Innovieren

Hieraus ergeben sich zahlreiche Konfliktsituationen. So sind beispielsweise die Eltern nicht immer konform mit der Ansicht des Lehrers. Oder Kolleginnen/Kollegen stehen sich kontrovers gegenüber. Der Lehrerberuf ist ein Beziehungsberuf. Gestörte menschliche Beziehungen mit Schülern[3] und Eltern bewirken einen schlechteren Gesundheitszustand der Lehrer.

Der Lehrer[4] kann nicht zugleich die Lebenssituation eines jeden Kindes berücksichtigen, auf der anderen Seite aber als „Richter" fungieren, der die SuS in ihrer Leistung objektiv beurteilen soll. Um dieser Fülle an Anforderungen nicht zum Opfer zu fallen, ist psychische Gesundheit die Basisvoraussetzung zur Ausübung des Berufes. Kraftlosigkeit oder Mangel an Selbstvertrauen können keinen positiven Einfluss auf die Persönlichkeitsentwicklung der SuS haben.

Der gesellschaftliche Wandel hat sich auf das Denken über den Lehrerberuf ausgewirkt. Die Erziehungsaufgaben werden immer komplizierter, die Familienstruktur zunehmend instabiler und die Bereitschaft zu Gewalt und Drogen steigt. Auch die Ergebnisse der PISA-Studie haben ihren Anteil an den gestiegenen Anforderungen. Die Gesellschaft macht Lehrer gerne zu Sündenböcken.

Hinzu kommt die tägliche Arbeitszeit von 9,25 Stunden, die sich belastend auf Körper und Psyche auswirken kann. Die Arbeitsplatzregelung von Lehrkräften und ihre Arbeitszeit sind nicht klar definiert. Lehrer arbeiten in Unterrichtsräumen, auf dem Pausenhof, bei Ausflügen und Klassenfahrten, in Sporthallen und Schwimmbädern, aber auch zuhause am Schreibtisch.[5]

---

[1] Im Folgenden mit SuS abgekürzt
[2] Vgl. Gudjons, Herbert: Pädagogisches Grundwissen. Bad Heilbrunn: Julius Klinkhardt ⁹2006. S. 256. [Im Folgenden zitiert als Gudjons.]
[3] Schüler meint in der gesamten Arbeit immer auch Schülerinnen
[4] Der Lehrer meint in der gesamten Arbeit sowohl Lehrer als auch Lehrerinnen
[5] Vgl. Ulich, Klaus: Beruf Lehrer/in. Arbeitsbelastungen, Beziehungskonflikte, Zufriedenheit. Weinheim und Basel: Beltz 1996. S. 45. [Im Folgenden zitiert als Ulich.]

3 Auswirkungen auf die Gesundheit

Lehrer zu sein ist ein anstrengender Beruf.[6] Nicht nur Lärm und Konflikte mit den Schülern zehren an den Nerven und haben Auswirkungen auf den Gesundheitszustand. Weitere Ursachen werden auf Seite 5 unter Hauptbelastungsfaktoren aufgeführt. Eine Untersuchung von Schönwälder/Tiesler et al. hat gezeigt, dass die Lehrkraft den allgemeinen Geräuschpegel übertönen muss.[7] Nach § 15 der Arbeitsstättenverordnung liegt ein akustisch optimaler Schallpegel bei bis zu 55 dB. Bei der Untersuchung wurden durchschnittliche Werte von 70 dB festgestellt, teilweise sogar 80 bis 90dB. Dieser Umstand verschlechtert die Lernsituation und verstärkt die stimmlichen Belastungen.

Die Kultusminister geben die Schuld für den enormen Stress dem Lehrer selbst. So heißt es in einem Protokoll[8]: Die psychische Belastung der einzelnen Lehrkraft auch im Unterricht wird maßgebend durch die außerunterrichtliche persönliche Arbeitsorganisation mit gesteuert. Stress entsteht also, wenn die Anforderungen der Umwelt nicht im Gleichgewicht sind mit den persönlichen Ressourcen.[9] Nach Hall, Wooster und Woodhouse ist Stress im Lehrerberuf unvermeidbar.[10]

Im Verhältnis zu anderen Berufsgruppen sind Lehrer nicht öfter krank, sie leiden jedoch häufiger an psychosomatischen Erkrankungen wie Depressionen, Schwindel und Kopfschmerzen. Im Vergleich zu anderen Arbeitnehmern gehen sie eher in Frührente, so sind 41% aller Lehrer vom Vorruhestand betroffen.[11] 36% beantragen eine Pensionierung zwischen dem 62. und 65. Lebensjahr. Nur 23% werden mit Erreichen der Altersgrenze pensioniert. Die Anzahl der erschöpfungsbedingten Frühpensionierungen ist in Deutschland überdurchschnittlich.[12] Das Phänomen der frühzeitigen Pensionierung hat stark zugenommen. Es bringt individuelles Leiden mit sich, aber auch hohe gesellschaftliche Kosten.[13] Wenn an der aktuellen Situation keine Veränderungen durchgesetzt werden, wird auch die nächste Lehrergeneration „verbraucht" sein.

---

[6] Vgl. zu folgendem Abschnitt: Wagner, Yvonne: Arbeitsplatz Schule: Lange Lehren ohne Schäden auf: http://www.faz.net/s/RubC43EEA6BF57E4A09225C1D802785495A.doc (Stand: 11.12.2010).
[7] Vgl. Triebe, Manfred: Arbeitsbelastungen in der Schule auf: http://www.gesundheitberlin.de/index.php4?request=themen&topic=1957&type=infot...(Stand: 11.02.2011). [Im Folgenden zitiert als Triebe.]
[8] Ebd.
[9] Vgl. van Dick, Rolf: Stress und Arbeitszufriedenheit bei Lehrerinnen und Lehrern. Zwischen „Horrorjob" und Erfüllung. Marburg: Tectum ²2006. S. 31. [Im Folgenden zitiert als van Dick.]
[10] Vgl. ebd. S. 269.
[11] Vgl. ebd. S. 247.
[12] Vgl. Jürgens, Barbara (Hg.): Komponente Lehrer ausbilden – Vernetzung von Universität und Schule in der Lehreraus- und -weiterbildung. Aachen: Shaker 2006. S. 90. [Im Folgenden zitiert als Jürgens.]
[13] Vgl. van Dick. S. 16.

Das Krankheitsspektrum dienstunfähiger Lehrer ist differenziert.[14] Über 50% leiden an Erkrankungen ihrer Psyche. An zweiter Stelle folgen mit 14% Erkrankungen der Muskel und des Skeletts. 10% der Lehrerinnen und Lehrer[15] haben mit Herz-Kreislauf-Erkrankungen zu kämpfen. Desweiteren sind Krebserkrankungen, Erkrankungen des Nervensystems sowie Erkrankungen der Augen und Ohren zu nennen.

4 Hauptbelastungsfaktoren

Zu den Hauptbelastungsfaktoren zählen die angestiegenen Anforderungen des Berufes.[16] Belastungen sind alle Anforderungen, die von außen auf den Lehrer einwirken.

Anforderungen wie schwierige Schüler, hohe Stundenzahl, Korrekturen oder Interaktionen mit Kollegen, Schulleitung und Eltern verschärfen die Situation. Es entsteht eine chronische Überforderung, die wiederum Einfluss auf die Gesundheit ausübt. Lehrern wird zugemutet in immer größeren Klassen zu unterrichten. Sie sind dort einem hohen Lärmpegel ausgesetzt. Der Lehrer hat Verantwortung für die Kinder zu übernehmen. Das heißt, er muss dafür sorgen, dass ein gutes Lernklima besteht und undisziplinierte SuS nicht permanent den Unterricht stören. Große Leistungsunterschiede zwischen den Kindern erhöhen den Druck auf den Lehrer. Ebenso die sinkende Lernmotivation unter den SuS. Lehrer belastet der hohe Verantwortungsdruck und Verwaltungsaufwand. Sie stehen permanent unter Zeit- und Leistungsdruck.

In der Wahrnehmung von Belastungsfaktoren gibt es geschlechtsspezifische Unterschiede. Lehrer leiden stärker unter der Schulunlust ihrer Schüler, der sinkenden Lernmotivation und den Vorschriften und Vorgaben. Lehrerinnen fühlen sich besonders belastet durch hyperaktive Schüler, die Gestaltung sozialer Beziehungen, einen hohen Lärmpegel, viel Verantwortung und die Bewertungspflicht für schulische Leistungen. Hinzu kommt der Konkurrenzdruck im Kollegium. Lehrerinnen streben nach einem ausgeglichenen, harmonischen Verhältnis zu ihren Kollegen.

Jeder einzelne hat seine individuellen Wahrnehmungen und fühlt sich subjektiv >belastet<[17].

Nicht primär äußere Belastungsfaktoren wirken auf die Belastung und Gesundheit, sondern die subjektive Bewertung dieser Faktoren und der persönliche Umgang mit ihnen.[18] Daher

---

[14] Vgl. Weber, Dr. Andreas: Deutsches Ärzteblatt 101 (2004).
[15] Im Folgenden abgekürzt mit LuL
[16] Vgl. zu folgendem Abschnitt: Dauber, Heinrich; Döring-Seipel, Elke: Sind gestaltpädagogisch arbeitende Lehrer gesünder? Auf: http://u182.www1.vorlaender.net/index.php?id=8 (Stand: 06.12.2010). [Im Folgenden zitiert als Dauber: Sind gestaltpädagogisch arbeitende Lehrer gesünder?]
[17] Ulich. S. 199.

muss an dieser Stelle der weit verbreitete Gedanke, besonders engagierte Lehrkräfte seien gesundheitlich gefährdeter, zurückgewiesen werden. Hierbei handelt es sich lediglich um einen Mythos.

Negativ auf die Gesundheit wirkt sich das Gefühl der ständigen Kontrolle aus. Wichtig ist es, eine Balance herzustellen zwischen dem Sollen, Wollen und Können. Übertriebenes Streben nach Perfektionismus hilft keinem weiter. Der Lehrer soll sich realistische Ziele setzen statt sich als Alleskönner zu sehen.[19]

Eine Untersuchung des Landesamtes für Arbeits- und Gesundheitsschutz und technische Sicherheit weist desweiteren auf gesundheitlich bedenkliche Substanzen hin.[20] Dazu gehören erhöhte Werte bei der Kohlendioxidbelastung und beim Feinstaub. Es kommt zu Konzentrationsstörungen, Kopfschmerzen und verminderter Leistungsfähigkeit. Feinstaub ist in Verbindung mit der starken stimmlichen Beanspruchung und dem Aufenthalt in Räumen mit vielen Menschen (Virenträger) ein zusätzliches Risiko für Erkrankungen im Hals-Nasen-Ohren-Bereich[21].

5 Gesundheit- eine Frage von Selbstmanagement

Gesundheit ist Voraussetzung, um seinen Beruf ausüben zu können. Daher sollte jeder viel für die Erhaltung seiner Gesundheit tun. Als Lehrer ist Selbstmanagement gefragt, um gesund zu bleiben. Stress und Probleme werden oft unterschätzt. So verbinden viele mit dem Lehrerberuf die Möglichkeit, sich seine Arbeit größtenteils frei einteilen zu können. Sie verkennen dabei aber die insgesamt längere Arbeitszeit, das Gefühl, mit der Arbeit nie fertig zu sein, und den Druck, am Wochenende die folgenden Unterrichtstage vorbereiten zu müssen[22]. Frauen wählen den Beruf oft mit dem Argument, durch den frei einzuteilenden Nachmittag sei er besonders gut mit Familie und Kindern zu vereinbaren.[23] Dabei ist der Tag dann dreigeteilt: vormittags Schule, nachmittags Familie und abends die Nach- und Vorbereitung des Unterrichts. Viele Frauen überfordern sich hierdurch.

Unterricht fordert zu viel Kreativität heraus, das bedeutet es ist ein unbegrenzter Arbeitsauftrag, der schnell zur psychischen Belastung werden kann. Hier sollten Lehrer im Team arbei-

---

[18] Vgl. Dauber, Heinrich; Döring-Seipel, Elke: Salutogenese in Lehrerberuf und Schule auf:
http://u182.www1vorlaender.net/index.php?id=9 (Stand: 06.12.2010). [Im Folgenden zitiert als Dauber: Salutogenese.]
[19] Vgl. Ulich. S. 204.
[20] Vgl. Triebe
[21] Ebd.
[22] Ulich. S. 54.
[23] Vgl. Ebd. S. 46.

ten und sich gegenseitig unterstützen. Unerlässlich ist es, nicht den Blick für die Realität zu verlieren. Realismus sollte dem Idealismus keinen Vorrang lassen.

Lehrer können ihre Gesundheit stärken und schützen. Soziale Unterstützung durch Kollegen, Partner, Freunde und Familie wirken positiv. LuL nehmen ihre Tätigkeit positiver wahr, wenn sie sich gut unterstützt fühlen.[24] Das Gefühl, gut unterstützt, geliebt und akzeptiert zu werden, führt zu mehr psychischem Wohlbefinden und besserer Gesundheit.[25] Ebenso ausreichend Entspannung in der Freizeit. Wichtig ist ein harmonisches, soziales Klima innerhalb der Schule zwischen den Kollegen und der Schulleitung. Über Probleme und Schwierigkeiten sollten sich die Lehrer austauschen. Gelungene Kommunikation mit Eltern oder Externen spielt aber auch eine Rolle.

Gesundheit ist vielfältig, sie kann sich zeigen durch die Erfahrung von Anerkennung, gesunder Ernährung, Bewegung, Lachen und frischer Luft. Nicht nur der Schüler hat ein Recht auf Erhaltung seiner Gesundheit, sondern auch der Lehrer. Leider wird das oft übersehen und von der Gesundheit des Lehrers wird erst gesprochen, wenn sie verloren gegangen ist.

6 Diagnostische Kriterien

Die Diagnose von psychosomatischen Erkrankungen ist nicht leicht. Die Symptome sind nicht bei allen Menschen gleich und weniger eindeutig als bei einer physischen Erkrankung. Eine Depression kann sich ausdrücken in Niedergeschlagenheit, Freudlosigkeit, Antriebslosigkeit, Konzentrations- und Schlafstörungen. Viele Betroffenen verlieren ihr Interesse und ihre Freude an fast allen Aktivitäten und sind depressiv verstimmt. Hinzu kann Gewichtsverlust oder Gewichtszunahme kommen. Oft fühlen sich Erkrankte wertlos oder quälen sich mit unangemessenen Schuldgefühlen. Diese können wahnhaftes Ausmaß annehmen. An Depression Leidende denken oft an den Tod und haben Suizidvorstellungen ohne Plan. Bei einigen kommt es zu einem tatsächlichen Suizidversuch.

1974 wurde der Begriff Burnout von Freudenberger in die Literatur eingeführt. Er wird mit „Ausbrennen" übersetzt. Bis heute gibt es keine Definition, die allgemein anerkannt ist. Burnout besteht aus mehreren Komponenten.[26] Jüngere Personen sind häufiger von Burnout betroffen, ebenso Alleinstehende oder Menschen ohne Kinder. Besonders einfühlsame Menschen, die ihre persönlichen Bedürfnisse vernachlässigen (da sie viel geben, aber nie empfangen) erleiden durch emotionale Beanspruchung langfristig Burnout.[27]

---

[24] Vgl. van Dick. S. 15.
[25] Vgl. ebd. S. 95.
[26] Vgl. ebd. S. 68.
[27] Vgl. van Dick. S. 71.

Menschen, die an Burnout erkrankt sind, befinden sich in einem Zustand physischer und psychischer Erschöpfung.[28] Dieser resultiert aus negativen Gefühlen, Misserfolgserlebnissen und fehlender Anerkennung, die sich aus der Tätigkeit im Beruf und im Selbstbild der Person entwickeln. Oft bleibt Burnout unbemerkt. Es entwickelt sich schleichend.

Leider gibt es weitverbreitete Mythen über psychosomatische Krankheiten in unserer Gesellschaft. Viele Menschen halten psychosomatische Krankheiten für selten, werten sie als Schwäche, Einbildung und Geisteskrankheit ab. Oft werden sie als unheilbar definiert, dabei lassen sie sich erfolgreich behandeln. Es gibt bestimmte Faktoren, die psychosomatische Erkrankungen begünstigen, so z.B. Nebenwirkungen von Medikamenten, eine dunkle Jahreszeit, mangelnde soziale Einbindung, tägliche Sorgen und Belastungen. Aber auch Vererbung, die frühkindliche Entwicklung und schwere Lebenskrisen können zu Erkrankungen führen. Diese Faktoren wirken von Mensch zu Mensch unterschiedlich.

7 Prävention und Therapiemöglichkeiten
bei psychosomatischen Erkrankungen

Prävention muss bereits in der Lehrerausbildung anfangen.[29] Denn offensichtlich werden LuL nicht genügend darauf vorbereitet in Konfliktsituationen mit eigenen und fremden Gefühlen umzugehen. Unterrichten bedeutet, eingebunden sein in soziale Kontexte. Und diese bringen Konflikte mit sich. Daher muss die Entwicklung von Kompetenzen für die Ausbildung und Stärkung psychosozialer Kompetenzen im Vordergrund stehen. Ebenso ist es unverzichtbar, ausreichend Ressourcen zu entwickeln. Für belastete Lehrer gibt es zwar externe Unterstützungsangebote wie den schulpsychologischen Dienst oder Beratungszentren, oft sind diese aber unzureichend personell besetzt. Aber nicht nur die äußeren Rahmenbedingungen müssen verbessert werden. So zeigen viele LuL eine innere Haltung, die der Entwicklung zu einem professionellen Lehrer entgegenwirkt.

Verschiedene Handlungsfelder bedürfen einer Veränderung.[30] Lehrer selbst können an ihrer Kompetenzentwicklung arbeiten durch Fortbildungen und Rückmeldungen. Durch Teamarbeit und gegenseitige Hospitationsmöglichkeiten wird über „critical friends" eine Rückmeldung ermöglicht. Der Lehrernachwuchs sollte vor Beginn des Studiums seine Berufsmotivation klären und seine Eignung überprüfen, soweit dieses in der Praxis möglich ist.[31] Über 60% der Lehramtsstudierenden haben bislang noch nicht über einen längeren Zeitraum Verantwor-

---

[28] Vgl. zu folgendem Abschnitt Triebe
[29] Vgl. Dauber: Salutogenese
[30] Vgl. zu folgend. Abschnitt van Dick. S. 268.
[31] Vgl. van Dick. S. 270.

tung für ein Kind oder einen Jugendlichen übernommen.[32] Im Studium muss eine bessere Vorbereitung erfolgen durch Theorie und die Vermittlung von Handlungskompetenz, u.a. durch Praktika. Denn der Übergang vom Studium ins Referendariat wird als schwierig und belastend erlebt.[33]

In der Ausbildung sollen nicht normative, sondern eher deskriptive Vorgehen im Vordergrund stehen. Es darf nicht um das Idealbild des guten Lehrers gehen, an dem sich die Studenten zu messen haben. Vielmehr geht es um situationsädaquates Handeln und die Möglichkeit, aus seinen Fehlern zu lernen ohne sich dabei in Frage stellen zu müssen.[34] Auch die Rahmenbedingungen des Berufes benötigen Veränderungen. So sollten LuL bei erzieherischen Aufgaben durch professionelle Hilfe (von Sozialpädagogen und Beratungsinstitutionen) und das Elternhaus unterstützt werden. Wichtig sind auch Systeme, die eine Rückmeldung, Wertschätzung und Anerkennung ermöglichen.

Desweiteren können hinsichtlich der Arbeitsbedingungen Veränderungen vorgenommen werden. So sollte ein positives soziales Klima hergestellt werden und die Organisationsgestaltung Pausen und Zeit für Austausch ermöglichen. Kein Lehrer sollte Hemmungen haben, Interventionen in Anspruch zu nehmen, d.h. die individuelle Gesundheitsberatung muss noch stärker angeboten und wahrgenommen werden. Betroffene können sich unterstützen lassen und Tipps einholen für eine effizientere Freizeitgestaltung, Stressbewältigung, den Umgang mit Schlafstörungen oder Ängsten und ein optimales Zeitmanagement.[35] Vor allem die Fähigkeit zur Entspannung sollte geübt werden. Hilfreich kann auch die Wahrnehmung einer Supervision sein.

---

[32] Vgl. Jürgens. S. 6.
[33] Vgl. ebd. S. 82.
[34] Vgl. van Dick. S. 270.
[35] Ebd. S. 272.

8 Fazit

Insgesamt bleibt festzuhalten, dass die Zahl der frühpensionierten Lehrkräfte alarmierend ist. Um diese Entwicklung abzuschwächen, ist es daher besonders wichtig, bereits in der Berufseingangsphase notwendige Maßnahmen einzuleiten. So sollte darauf geachtet werden, dass LuL in ihrer Eingangsphase nicht mit den schwierigsten Lerngruppen konfrontiert werden. Wünschenswert wäre eine Fortbildungspflicht und Supervision, die nicht als zusätzliche Belastung, sondern als Unterstützung erfahren wird.

Die Zahl der Frühpensionierungen lässt sich auch verringern durch weniger SuS pro Klasse, wirksamere Strategien im Umgang mit Verhaltensauffälligkeiten, leistungsschwachen und unmotivierten SuS, Verringerung des Lärmpegels u.v.m.[36]

Vor dem aufgezeigten Hintergrund sollte ein Hauptanliegen die Prävention der Gesundheit sein. Denn nur physisch und psychisch gesunde Lehrer können dauerhaft den Bildungs- und Erziehungsauftrag wahrnehmen.

Zur Früherkennung von Erkrankungen oder zum Erhalt der Dienstfähigkeit von LuL könnte eine bessere Zusammenarbeit von Gesundheitsamt und Schulaufsicht beitragen.

Eine Verbindung von Lehreraus- und Weiterbildung ist unerlässlich, Universität und Schule müssen noch besser miteinander vernetzt werden.

Für die Lösung der Probleme darf weder das Schulsystem noch der einzelne Lehrer ausschließlich verantwortlich gemacht werden.[37] Wichtig ist, dass beide Seiten für Verbesserungsmöglichkeiten offen sind und Interesse an einer Umsetzung zeigen. Ansonsten bleibt es bei zahlreichen Erkenntnissen, die sich wiederholt auswirken werden. Dann wird der Lehrerberuf bald nur noch als Horrorjob ohne Aussicht auf Besserung empfunden.

---

[36] Vgl. Triebe
[37] Vgl. van Dick. S. 269.

9 Literaturverzeichnis

Gudjons, Herbert: Pädagogisches Grundwissen. Bad Heilbrunn: Julius Klinkhardt ⁹2006.

Jürgens, Barbara (Hg.): Kompetente Lehrer ausbilden – Vernetzung von Universität und Schule in der Lehreraus- und -weiterbildung. Aachen: Shaker 2006.

Ulich, Klaus: Beruf Lehrer/in. Arbeitsbelastungen, Beziehungskonflikte, Zufriedenheit. Weinheim und Basel: Beltz 1996.

Weber, Dr. Andreas: Deutsches Ärzteblatt 101 (2004).

van Dick, Rolf: Stress und Arbeitszufriedenheit bei Lehrerinnen und Lehrern. Zwischen „Horrorjob" und Erfüllung. Marburg: Tectum ²2006.

Internet

Bild auf dem Deckblatt unter:

Triebe, Manfred: Arbeitsbelastungen in der Schule auf: http://www.gesundheitberlin.de/index.php4?request=themen&topic=1957&type=infot...(Stand: 11.02.2011).

Wagner, Yvonne: Arbeitsplatz Schule: Lange Lehren ohne Schäden auf: http://www.faz.net/s/RubC43EEA6BF57E4A09225C1D802785495A.doc (Stand: 11.12.2010).

Dauber, Heinrich; Döring-Seipel, Elke: Salutogenese in Lehrerberuf und Schule auf: http://u182.www1vorlaender.net/index.php?id=9 (Stand: 06.12.2010).

Dauber, Heinrich; Döring-Seipel, Elke: Sind gestaltpädagogisch arbeitende Lehrer gesünder? Auf: http://u182.www1.vorlaender.net/index.php?id=8 (Stand: 06.12.2010).